아직도 괄호에 갇혀있다

강중훈: 일본 오사카에서 태어나(1941) 부모님 고향 제주도 성산포 오조리에 정착(1944), 한국방송통신대학국문과와 제주대학교 대학원을 졸업함. 박재삼 추천〈한겨레문학〉으로 등단(1993), 제주도문인협회장 국제PEN한국본부 제주지역위원회장 등 역임, 현재 계간문예〈다층〉편집인, 다층문학동인, 시집『오조리, 오조리, 땀꽃마을 오조리야』,『가장 눈부시고도 아름다운 자유의지의 실천』,『작디작은 섬에서의 몽상』,『날아다니는 언어를 위한 단상』,『털두꺼비하늘소의 꿈』,『바람, 꽃이 되다만 땀의 영혼』,『동굴에서 만난 사람』,『아직도 괄호에 갇혀있다』 제주문학상, 서귀포문학상, 한국농민문학상, 제주특별자치도문화상, 제주특별자치도예술인상 수상
- E-mail:kjh2253@hanmail.net
- Mobile 010-8663-2253

다층현대시인선 171

아직도 괄호에 갇혀있다

발행일 2022년 3월 10일
지은이 강중훈
펴낸이 김동진
펴낸곳 도서출판 다층
등록번호 제27호
주소 (63211)제주특별자치도 제주시 오복5길 10, 1층
전화 (064)757-2265/FAX(064)725-2265
E-mail dc2121@empas.com

ⓒ 강중훈, 2022. Printed in Jeju, Korea

ISBN 978-89-5744-104-6 03810

값 10,000원

* 지은이와 협의하여 인지를 생략합니다.
* 이 책은 Jeju 제주특별자치도와 제주문화예술재단으로부터 제작비 일부를 지원받았습니다.
* 본 책의 내용 전부 또는 일부를 다른 매체에 소개하고자 할 때에는 저자와 본사의 동의를 얻어야 합니다.

다층현대시인선 171

강중훈 시집

아직도 괄호에 갇혀있다

다층

* 페이지 시작과 끝부분에 〉표시는 연을 구분하는 표시입니다.

시인의 말

분재를 꿈꾸다
굳은살 배긴 소나무
그루터기에 앉아
평생
속죄하는 마음으로 살려나 싶더니
이제는
용서할 일도
용서를 구할 일도
모두
잊혀진 상처되어
또 다른 몽환에 빠져들고 말았습니다

강중훈

차례

5__시인의 말

제1부

13__풍경·하나
14__풍경·둘
15__어느 여행자의 일기
16__미친 해를 위한 기도
18__별들의 전쟁
20__제3지대
22__그건 바다가 아니지
24__겨울 무밭 스캔하기
26__하얀 민들레
27__겨울 소나무
29__선택
30__가석방
32__몽환역(夢幻驛)에서 기다리다
33__그림자놀이
34__유리벽 속의 그림자
35__골목 장터

제2부

39__반딧불이— 퍼즐 맞추기 · 1
41__검은 고무신— 퍼즐 맞추기 · 2
42__유령의 도시— 퍼즐 맞추기 · 3
43__어느 노부부 이야기— 퍼즐 맞추기 · 4
44__아침, 물새, 날다— 퍼즐 맞추기 · 5
45__우체통— 퍼즐 맞추기 · 6
46__강낭콩 익을 무렵— 퍼즐 맞추기 · 7
47__먹 바위— 퍼즐 맞추기 · 8
48__초상화— 퍼즐 맞추기 · 9
49__장맛비— 퍼즐 맞추기 · 10
50__모바일 폰 챙기기— 퍼즐 맞추기 · 11
51__초승달— 퍼즐 맞추기 · 12
52__침묵— 퍼즐 맞추기 · 13
53__멈춤과 끝남에 즈음하여— 퍼즐맞추기 · 14
54__방향 찾기— 퍼즐맞주기 · 15
56__산을 타는 사람들— 퍼즐 맞추기 · 16

제3부

59__파도
60__그대가 좋다
61__안개꽃
62__이삿짐 옮기던 날
63__초현실주의자
64__흔적
65__빨랫줄에 목을 매다
66__미소(微笑)와 미소(媚笑) 사이
67__십일월의 기도
68__유죄
70__하얀 실선에 그네타기
71__섬 이야기
72__몽상가의 일기
73__상실
74__아직도 진행 중
75__그믐달

제4부

79__빛과 날개
80__환쟁이가 쏘아 올린 화살
81__지금은 공사 중
82__부처님 오신 날
83__한가위
84__가로등
85__물음표와 묶음표
86__밤이라는 시간 속으로
87__화해
89__낙엽
90__나는 마렵다
92__고산 윤선도
93__기별
95__착각여행
96__말돌래기
98__벙어리
100__프롤로그와 에필로그

해설
101__괄호 안에서 부르는 괄호 밖의 희망 | 변종태

제1부

풍경·하나

　마을버스 정류장에 풍경·하나 졸고 있다 졸음에 겨운 또 다른·풍경은 버스에서 내린다 풍경마다 다른·풍경을 기다리거나 앉아서 쉬다가 알 수 없는 졸음에 취한다 풍경들·사이에는 알 수 없는 기호들이 함께 한다 갈 곳이 각기 다른·기호가 각기 다른·풍경의 기호를 괄호에 묶어둔다 낯선 기호가 알 수 없는 모습을 한·기호의 졸음을 괄호에서 툭! 툭! 뱉어낸다 앞선 자리에 졸다가 눈을 뜬 기호·하나가 등을 쳤던 기호에게 졸음을 던진다 다음에 도착한 버스에서도 알지 못하는·풍경이 내리고 알 수 없는·기호는 버스에 매달려갈 테지만 알 수 없는·기호는 또 다음 도착한 버스에 알지 못하는·풍경과도 의미 없는 악수를 나누겠지만 다음 또 다음에 내리고 타는·풍경은 그러한 사실을 아는지 모르는지 인사도 하지 않고 쳐다보지도 않은 채 내리고 타다가 불쑥 그들은 모두가 잠을 청하러 온 것도 아니고 약속해서 만난 것도 아닌 정류장에서 졸음이 마려운 그들에게도 머지않아 도착할 버스가 있는지에 대해 묻는다 그들이 타고 떠나야 할 버스의 바퀴가 녹슨 나사못에 찍혀 오도 가도 못한다는 소문은 한참 뒤에 알려졌다 소문 무성한 동내에서도 그 소문만은 돌지 않아 졸고 있는·기호는 아직도 괄호에 갇혀있다 못에 박힌·풍경은 조그만 버스정류장이거나 기다리는 물음표는 괄호에 갇힌 우리들의·기호이다

풍경·둘

서방질하다 머리끄덩이 잡힌 화냥년처럼
시골 장터 구석진 곳까지 쫓겨
궁색한 표정으로 돌아앉은

그리움

지나가는 한 줌 바람에도
저만치 밀려 나간

그림자

색 바랜 지폐 한 잎
펼쳐 보인
풍
경
하
나
지워지지 않는다

어느 여행자의 일기

　태양에 가린 햇살이 유난히도 뜨겁던 날 두 사람이 길을 갑니다 여자의 손은 가느다랗고 남자의 손은 굵습니다 여자가 손을 흔듭니다 남자도 손을 흔듭니다 굵은 남자의 손마디에 여자의 손이 가려지고 남자의 손도 여자의 손가락 사이로 빠져나가려는 갈림길에서 그들 앞에 열린 외길을 향해 함께 걸어갑니다

　내 낡은 일기장에도 남자와 여자가 그렇게 그려져 있습니다 남자는 덧니가 있고 여자는 금니 박힌 사랑니를 가졌다고 적혀있습니다 태양에 가린 덧니와 금니에 가려진 사랑니는 갈림길에서만 미소 짓고 있습니다 그들은 이별과 헤어짐의 갈림길에서 총을 맞았다고 합니다 참으로 모호하게 불꽃 튀는 사랑의 연서, 그건 그들만의 헤어지기 훈련법이었습니다

미친 해를 위한 기도

제주섬에는 '오조리'라는 바닷가 동네가 있지요
아침 해가 나를 비춘다는 마을이지요
아침 해는 보일 때도 있지만
안 보일 때가 많다는
그 동네에서

나는 그리움으로 양치질을 하고
그리움으로 세수를 하고
그리움으로 샤워도 하고
그리움이라는 샴푸로 머리도 감다가
그리움에 미끄러지는 세면장 거울 작은 등불을 켜고
나를 내려다보고 있는 그리움을 올려다보는
그분의 모습에 매달리지요

그가 켜놓은 전등불 아래서
시도 쓰고
소설도 쓰고
휘파람도 불고
그림도 그리다가
그분이 벗어놓은 무명적삼 두루마기 폭을 접어
그리움의 콧노래를 부르다가
가끔씩 울기도 하고 웃기도 하던 새벽닭울음 소리는

섣달 그믐날 밤을 송두리째 뺏어가 버렸습니다

미쳐야만 해가 뜬다는 소문 무성한 바닷가 오조리는
이제 아프지 않다고 합니다

별들의 전쟁

 병정들이 병정놀이를 하거나 병정놀이를 하지 않거나 병정놀이 터를 고르거나

 병정들은 늘 바다에서 혹은 바다 가까이에서 바다를 깔고 앉거나
 바다를 펴서 잠을 자거나 바다가 아닐지라도 바다 같은 바다를 끌어안고 사랑을 속삭이는 훈련을 해야 하므로

 병원이 만원이라는 아침 뉴스를 접한 병정들은 야전병원을 향한 더듬이 손으로 눈을 비빈다

 병정의 손은 손이 아닌 발이거나 튕겨 나온 사시의 눈동자거나 그보다는 구멍 막힌 하수구이거나 그것을 바라보는 혹은 그 구멍을 뚫는 병사의 왼쪽 팔꿈치거나

 집을 나서다가 만난 너덜너덜한 음성, 그건 병정놀이 하다 끌려온 바람의 자손들, 바람의 소리에 놀란 철새 이야기, 그렇지만 병정은 병정놀이를 하면서도 싸움은 걸지 않는다 홀로 떠다니는, 떠다니는 것 같은 배, 하지만 우리는 그걸 길 잃은 배라고 부르지는 않는다
 〉

손과 손이 마주치는 전쟁터, 해 질 녘 길목 어귀에 벗어던진 낡은 군화 주머니에 손을 넣고 헤엄쳐 다니는 개똥벌레를 만났을 때도 그들은 늘 병정놀이를 하고 있었거나

제3지대

 어둠이 깊어질수록 감춰진 달빛은 어슬렁어슬렁 스스로를 드러낸다
 어수선한 정원이 갑자기 엄숙하다
 숨기고픈 두려움이라도 있는가
 예상치 못한 침묵에
 흐르던 침샘마저 긴장한다
 참지 못한 기침이
 왼쪽 가슴에 붙어있는 가래를 긁어낸다
 달빛에 침윤된 가래가 속내를 드러낸다

 묽은 달빛을 받아 시를 쓰거나
 에세이를 적거나
 굳어버린 양심을 긁어내어 기도하거나
 비수를 꺼내 들어
 밤하늘의 달빛에 송곳질을 하다가
 흐르는 피를 마시고 취한다

 피의 거리를 활보하던 돈키호테,
 피의 색깔 옷으로 갈아입고
 제3지대 하루의 일기를 묽은 가래로 받아 적는다

 가래는 날카로운 것, 삼키거나 뱉어내야 할 만큼 아프

거나 마려운 것, 마려운 것들이 꿈틀대는 망령들이라고
정원은 스스로 묻고 답하고 받아 적다가 숨어버린다

그건 바다가 아니지

그건 바다가 아니지

듣고 싶은 소리 있어 귀동냥 나선
바다를 물음표라 부르면
그대는 운지법을 위반한 플루트

바닷물에 젖다 만 모래톱 위로
초대받지 못한
뿔소라 껍데기처럼
선잠에서 깬

클라리넷, 바순, 오보에, 피콜로 같은
악기라는 악기들은 모두가
절 울음 우는 바다의
목젖 쉰
빨간빛 그리움

빈손일지라도
주머니에 온기 묻혀
슬쩍 내밀면 될 것을
눈치만 보다가 놓쳐버린
그대는 입술 없는 울대

〉
그건 바다가 아니지

겨울 무밭 스캔하기

 냉동 포탄은 아직도 터지지 않은 채 팔과 다리 건너 뼛속까지 박혀있다

 얼마를 더 오래 버티려고 이리 깊게 숨어있나 한 해? 두 해? 오래 살라는 팔자는 아니지만 일손이 모자라 지친 하루의 기울기가 황금빛에 물린 어금니 사이를 황급히 빠져나간다

 무릎까지 차오른 눈밭 깊숙이 도망하거나 끝까지 숨어있어야 할 몇 번째 울리는 핸드폰인지 모른다

 건너편 무밭에서 걸려온 전화에 꼬리 잡힌 우리들의 사랑은 겨울 하늘의 랩소디

 얼마를 더 견딜 수 있을 것인가 누가 우리의 깊숙한 관계를 떼려 하는가 곧 사라질 것 같은 세상의 일기를 쓴다

 삶이, 아픔이, 눈물이, 추위가 비록 언제 끝날 운명일지 모르지만 우리들 동공에 깊이 박혀 아직도 터지지 못한 포탄을 껴안고
 〉

온전히 실명된 눈, 눈, 눈, 눈과 눈이 쌓인 겨울 무밭에서 오로지 등 굽은 언어 하나 붙들고 파랗게 색칠해보려 아내는 욕심뿐인 하루 살기 그림을 그리고 나는 색칠한다

하얀 민들레

하얀 나비는
하얀 줄무늬가 있는 아이의 분홍색 가방에서
하얀 박하사탕을 입에 물고
하얀 껌도 씹고
하얀 그림도 그리고
하얀 노래도 부르다가 우리 누이
하얀 고무신에 밟힌
하얀 구름 좇아 총싸움 놀이도 하며
하얗게 웃다가
하얗게 울다가
하얗게 주저앉은 우리 어멍* 무덤가 하얀 무명치마
하얀 저고리에 피어난 하얀 민들레
하얀 꿈을 꾸다가 껌딱지처럼 들러붙은
하얀 그림자 그늘에서 그만 하얀 색맹이 되고 말았습니다

* '어머니'의 제주어

겨울 소나무

목이 마른 바람결에 숨소리 거칠고 가래까지 끓다가 송진 덩이를 괭이로 안고 삽니다

나는 그 나무가 싫습니다

여덟 살 어린 나에게 지게 지는 법을 가르치고 밭갈이하는 법을 가르치고 여름 한나절 밭에 나가 김을 맬 때면 그늘이 되어주던 그 소나무

나는 그 나무가 싫습니다

무지개다리 놓인 뒷동산에 갈지자걸음의 옆집 아저씨는 어제처럼 무동 타고 내려옵니다

너털웃음 행간에는 새들이 놀고 소들이 풀을 뜯고 풀을 뜯는 소의 등은 어머니 무덤처럼 따뜻합니다

잊히지 않은 그 아저씨는 그곳에 있지만 그곳에 없습니다

저승의 아랫목 같은 뒷동산 겨울나무 가지 끝에 간당대던 삭정이 뚝 떨어지면 겨울 소나무는 욕이 마렵습니다

〉
　간혹 기침도 합니다 그러다 뱉지 못한 기침을 더러는 겨울 하늘이 대신 삼킵니다

　누군가 놓고 간 약병 같은 빈 소주병에 바람이 일어 나무는 목마름의 귀를 열고 하늘은 그 소리를 엿듣습니다

　나는 목마른 그 나무가 싫습니다

선택

일출봉의 아침은 선택적으로 지각한다
꼬리지느러미 하나로
느리게 내 안에서 헤엄치고
묵언의 언어로 뻐끔거리고

바다의 가는 물줄기부터
잎을 떨군 순비기나무 각질까지
바다의 철학을 덧칠한다

빛이 파괴
빛이 정의
넝쿨로 뻗고 있는
바다의 눈물까지도
선택적으로 잠이 깬다

이것은 일출봉이다
그대 안의 우도(牛島)거나
선택적으로 귀 기울이는 식산봉(食山峯)이다

가석방

'땅이라 부르지 말고 하늘이라 부르면 얻으리라'

검은 얼굴에 상처 입은 큰 새의 그림자

놀란 계절이 닫힌 문을 덜컹 열고 솟아오르면

바다를 향해 앉은 새벽 창 건너 건너

수면 위를 퍼덕대는 늙은 가마우지 한 마리에게

어김없이 듣게 되는 성스러운 이야기

외로운 적 없고 외로운 줄 모르는 하눌님마저

잠긴 문과 잠기지 않은 문에 귀를 대면

창(窓)과 문(門)틈에서 미세하게 흔들린다

청색 지대의 자유

풀려있는 자물쇠에 한사코 갇혀있는

피카소의 얼굴을 닮았다는

우울한 21세기

자유를 달라고 아우성이다

몽환역(夢幻驛)에서 기다리다

겨울비
외등
타고 내려와
흩뿌리는
창
유리 부서진 파편
마디마디에서
수선화
꽃
피
다
홀 · 로
지
다
가
가
버린 · 당신

그림자놀이

  두 마리 개와 함께 바닷가를 산책할 때 두 마리 개를 따라 다른 개 두 마리가 줄레줄레 따라오고 두 마리 개와 그 개 옆으로 또 다른 개가 끌려오고 그 앞으로는 또 다른 개가 달려가거나 달려오고 잰걸음 느린 걸음으로 나도 끌려가거나 끌려오고 숨바꼭질도 하고 잡고 잡히는 병정놀이도 하고 술래가 된 내가 개들을 따르면 개들도 나를 향해 덤벼들고 개는 개들대로 나는 나대로 먹고 먹히는 전쟁놀이를 하다가 또 다른 개가 긴 혀로 침 흘리며 달려들려던 순간은 그의 긴 꼬리가 내 허리를 휘어 감는 순간이고 꼬리에 꼬리를 물고 이어지는 순간의 마을 길 근처 바닷가 갯바위 틈에 숨어버린 나를 향해 그들은 나를 바다라고 부르는 것이고

유리벽 속의 그림자

 날 파리 한 마리 유리벽에 부딪친다 보이지 않는 파란 하늘과 잔잔한 바다와 그 사이를 노크하는 시간의 틈에서 보이지 않는 내가 유리벽 앞에 있다

 하루의 기울기도 분명치 않아 가까이 다가서면 돌아서 버리고 등을 지고 돌아서면 비로소 보이는 무지개 같은 구름 몇 조각

 그들 사이의 메워지지 않은
 그리움을
 슬픔을
 행복을
 아프고 설레었던
 유리벽의 이쪽과 저쪽
 사랑과 이별 사이를
 날 파리 한 마리 가로질러
 잃어버린 기억을 소환한다

 하루를 파괴하는 것이 빛이란 것을 일깨워준 나의 그림자가 유리벽에 갇혀있다

골목 장터

'착한 고등어'라는 간판 달린 골목길 장터에서 물음표 하나 느낌표에 꿰매 달고 낚싯바늘을 던진다

 무엇이 나를 바람나게 할까

 어판장 아줌마 손끝에는 날 선 회칼 한 자루 들려 있고 검은 비닐 가운에 가린 그녀의 가슴 위로 무수히 칼집난 도마가 비스듬히 누어

 어디 한번 들여다봐, 그래 실컷 두드려봐,
 잘근잘근 썰어내 봐, 썰어서 초를 쳐봐

 자판 위에 널브러진 고등어 눈빛처럼 붉었거나 찌그러졌거나 잠겨 있을지라도 그걸 바라보는 유리벽 어항 속에 갇힌 각재기* 새끼들처럼 새벽은 느낌표로 가득한데

 어차피 칼집 든 건 그녀의 젖가슴 살이고 젖가슴 살은 그녀의 아침이고 그 사이로 비치는 햇살은 살짝 바람난 시골 장터를 나는 결코 떠날 수가 없다

 * '전갱이'의 제주어

제2부

반딧불이
― 퍼즐 맞추기 · 1

장총 맨 순사들에게 끌려가
개똥같이 널브러져 죽은 당신의 모습은 잊기로 한다
어렸을 때 불리던 내 이름, 개똥이

개똥이 널려있는 개똥밭에서 개같이 끌려가
개똥처럼 밟힐지라도, 개똥철학을 할지라도
기죽지 말고 살라시던 말씀

무심한 척 흘려보낸 무자년 가을,
무자라는 짝꿍과 소꿉놀이 하던 그때
창밖에는 초롱초롱 어둠이 돋고
무지개에 비친 달그림자에 숨어버린 산토끼
산토끼, 저 산토끼 한 마리 한 마리면

토끼가 방아 찧다 놓친 볍씨를 주워다가
집 앞 논에 심어놓는 꿈을 꾸다가
문득 그 볍씨 싹트고 벼 이삭 익은 쌀밥을 지어
돌아가신 부모님 젯밥으로 올리는 꿈을 꾸다가
방아 찧던 무자년 그해 무자라는 이름의 그 아이

친구마저 떠나가 버린 시간

배고파 칭얼대던 누이동생이 생각나
컹, 컹, 우리집 똥개 주책없이 짖는 소리에 잠을 깬
풋풋한 별똥별은 무지개로 뜨고
개똥이가 뒤를 보고 떠난 자리

'개똥이'가 '반딧불이'라는 의미를 깨달은 건 그 한참 후의 일

검은 고무신
― 퍼즐 맞추기 · 2

  초등학교 운동회 날이었다 세상 태어나 처음 신어본 고무신이었다 우리 누이 열다섯 되던 해 육지 해녀 물질 다녀오며 사다 주신 그 고무신, 맨발로 다녔던 버릇대로 운동장 한쪽에 고이 벗어두고 달리기를 했던 그 날 밤의 빗소리는 자장가보다 더 깊어 벗어둔 고무신 베개 삼아 잠들고 말았다

  누가 두고 갔을까
  날은 저물고 억수로 비는 내리는데
  초등학교 운동장 한쪽 모퉁이
  검은 고무신 한 켤레

  흐르는 빗물에도 떠내려가지 않고
  그 자리를 지키고 있는 것은
  기다리고 있는 누군가가 있기 때문일 거다

유령의 도시
― 퍼즐 맞추기 · 3

풀숲에 바람 일어
개미 떼 바람 속으로 숨어듭니다

반쪽짜리 낮달이 눈총 맞아
무너진 하루 건너편
탱자나무 그늘 숲엔 더딘 하루가 집니다

땀꽃*으로 미쁜 당신도
개미들이 틀어놓은
가느다란 유성기 소리에 잠들고
한바탕 총 맞아 죽은 더위마저
들것에 실려 나간 고향이지만

포승줄에서 풀려나지 못한 채
꽁꽁 묶여있는 수수께끼는 아직도
바람 이는 풀숲에
개미 떼로 몰려와 꼭꼭 숨어있습니다

* 노역으로 솟는 땀

어느 노부부 이야기
 ― 퍼즐 맞추기 · 4

 늙은 내외가 갓 익힌 쑥떡 한입
 잘근잘근 씹으며 나누던 이야기

 노부부 이야기를 엿듣고 싶어 귀 기울이던 느티나무 한쪽 귀 떨어진 줄 모르고 더더욱 귀 기울이던 그의 남은 한쪽 귀마저 나풀나풀 떨어져 뒷동산 나뭇잎이 되고 말았다는 어른들이 하던 말은 이미 옛말이 되었다는 시간

 부엌 아궁이
 무쇠 솥뚜껑 틈으로
 식다 남은 쇳물도
 그 이야기
 마저 다 못 듣고
 아쉬움에 주르륵 눈물 흘리다 말라버려
 이젠 흘린 자국조차 찾을 수 없다는 이야기
 다시 듣고 싶어 배고픈 시간

 건너편 마당 귀퉁이에 함께 늙어가는
 느티나무를 보면서 하는 이야기

아침, 물새, 날다
― 퍼즐 맞추기 · 5

성산포 일출봉 해안가 바닷물이
벌겋게 핏물로 얼룩진 아침이었나 봐요
태양이 쏘아 올린 화살촉에
상처 입은 물새들의 핏물이었나 봐요

초롱초롱한 눈빛과
부드러운 사랑니와
분홍색 치마저고리에
예쁜 코고무신을 받쳐 신은 옆집 순이네와
그 집 팽나무 숲에 숨어 살던
까치 새끼들까지도
새벽 햇살에 눈이 부셔
가벼운 눈웃음 한 번 짓지 못한 채 도망치던

제주섬의 이별은
가장 청순하고 아름다운
스테판의 순교 혹은
멘델스존 오라토리오의 사도바울이거나
바나바의 연극 같은 것이었나

우체통
— 퍼즐 맞추기 · 6

   모년 모월 모일 모시 모처에서 그녀가 나를 찾는다는 소식이 왔을 때는 그 일이 있고 난 한참 뒤의 일

   이빨 빠진 돌담 사이로
   그녀의 소식은 언제든 새어나가 배달되지 못하고

   사람들은 그 연유를 바람 탓이거나
   반 박자 놓친 그리움 혹은
   빼곡히 총탄 박힌 옥수수 열매가
   반나절 넘게 담장에 갇힌 채 숨죽인
   늦가을 햇살 탓이라고 하고

   총을 겨눈 자와 총 맞아 죽은 자와 그 건너 상처 입은 까투리마저 목숨 걸어 사랑하고 있다는 무성한 소문들만 오늘도 옥수수밭 울타리 건너 제주섬 성산포 우체통에 빨갛게 매달려 징징징징

강낭콩 익을 무렵
― 퍼즐 맞추기 · 7

늦여름 콩밭에 콩들이 익어갈 무렵 근처에서는 누군가 부르는 노랫소리가 들렸습니다

 '새야 새야 파랑새야, 녹두밭에 앉지 마라…'
뒤이어 들려오는 꿩바치*들의 딱콩 소리

 완두 작두 쥐눈이 칼콩 등 콩이란 콩들은 모두가 입을 열어 숨겨둔 비밀을 뱉어내는데 어쩌다 덜 익은 녹색, 자주색 콩잎들만 끝내 입 닫은 녹두밭 근처

 꿩 새끼 참새 새끼 족제비 새끼 새까만 들쥐 새끼들과 밑구멍 삐쭉 내밀고 머리만 처박아 목숨 걸던 강낭콩까지도

 타다닥 타다다닥 볶아대는 그 딱콩 소리에 놀라 포승당한 채 끌려가다 학살당한 뜬구름 끝자락 원추리 빨간 꽃잎처럼 제 먼저 까맣게 타고 있었습니다

 건너뙨 녹두밭에는 파랑·파랑·파·랑·새·새·끼 몇 마리 철모르게 앉아서 아직도 소꿉놀일 하고 있습니다

 * 사냥꾼의 제주말

먹 바위
― 퍼즐 맞추기 · 8

닻줄에 포승 당한 포구가

하루 종일 파들파들 떤다

취조 끝에 얻어낸 자백

― 나는 먹 바위
   그대를 사랑하오

초상화
― 퍼즐 맞추기 · 9

재봉틀 북실을 잇다 되감긴
내 누님 생머리
살며시 풀어
이별의 끈을 이었습니다

두고 가신 당신의 싱거미싱*이
손과 발끝으로 돌돌 말려듭니다

여린 촛불이
해 질 녘
제사상 머리에서 눈을 뜹니다

오사카 동내에 쌀 배급* 주던 날
순서를 놓칠까 봐 새치기하시던
여섯 살 누님의 눈빛은
이 저녁 촛불처럼 초롱초롱한 이별입니다.

* 일제 말기 일본제 재봉틀(sewing machine)
* 일본 패망 직전 일본 쌀 배급제도

장맛비
― 퍼즐 맞추기 · 10

 정월도 춘삼월도 말 많던 제주의 4월과 5월 그리고 6월마저 그렇게 보내고 뒤늦은 칠월에 와서야 당신이 초조해하는 이유는

 불안한 뚜벅 걸음으로 처음은 먼발치서 오는가 싶더니 뒤이어 줄레줄레 뒤만 따르다가 결국은 경망스레 엉금엉금 그 집 창문 계단까지 기어올라 며칠째 내린 비에 찢긴 창호 틈을 기웃대는 당신은 흡사 우리가 기대하다 놓쳐버린 이 시대의 마지막 봄에 핀 제5계절의 꽃

 도둑놈의지팡이라는 고삼(苦蔘)꽃 피다진 제주섬 동쪽 끝 오조리(吾照里)*라는 이름의 마을 문턱에 털썩 주저앉아

 스스로 잃어버린 기억들을 하나씩 또 하나씩 찾아내고 씻어내면 녹슬어 사라진 옛 모습을 되살릴 수 있을까

* 제주섬 동쪽 끝 일출봉과 마주한 마을(제주 4.3 아픔이 있는 마을)

모바일 폰 챙기기
― 퍼즐 맞추기 · 11

밤새 내 안에 머물며 잠 못 이루던 카톡!
비몽사몽 간 잠이 깬다

무심히 들여다본 폰에서 튀어나온 문자가 던진 질문

'도대체 너의 사상이 뭐냐'

까도 까도 또 까도 다 똑같은 소리라서
그건 나도 잘 모르겠노라고,
세상에 갇혀있는 내가 밖의 사상을 어찌
알겠느냐고 되물었더니 잠깐 기다려 보라면서

까똑 까똑 까똑

모바일 폰으로 보내온 답은 음력 구월 스무닷새!
그날 돌아가신 그분은 알 거라면서
어설픈 화면으로 안개 자욱한
'다랑쉬 오름'의 그림을 연다

* 4.3때 돌아가신 분들의 묘소가 있는 오름(산)

초승달
— 퍼즐 맞추기 · 12

내가 어릴 때 지고 다니던

지게 발 한쪽

앞동산 팽나무 가지에 걸려있네

또 다른 한쪽 발도

건너편 가지에 매달려 있네

목 쉰 까마귀

가~ 가~ 외쳐대다 돌아서네

동냥질 나선 초승달이

'친구는 지금 외출 중'이라는 팻말 들고

불편한 목발로 멈춰 서 있네

친구는 지금 초승달 빛 받으며 술을 마시네

침묵
― 퍼즐 맞추기 · 13

오로지 한 가지로만 솟던 아침 해가 낭떠러지

계곡 쪽으로 비스듬히 돌아눕더니

바짓가랑이 슬며시 내려 볼일 보는 순간

개운하다

이제는 무엇이든 해야겠다

어둠에 대한 두려움도 사라져 버렸으므로,

할 말은 해야 하겠으므로,

비틀거릴 일은 계곡물에나 맡겨둘 일이다

멈춤과 끝남에 즈음하여
― 퍼즐맞추기 · 14

가려운 등짝에 먼지 낀 바람의 흔적입니다

개미떼들은 아직도 보이지 않는 흔적 밟고 지나는데

거기 누가 있나요?

········???

나는 날 수 없는 새,

당신은 다락방에 갇힌 그림자이거나

등줄기에 뿌리내린 물음표라고 한다면

········???

어쩌면 내 아버님 초상일지도

이제 나는 창을 열어도 되나요?

방향 찾기
— 퍼즐맞추기 · 15

한 때 제주 사람에게서는 바람 앞에 서면 구름의 소리로, 구름 앞에 서면 바람의 소리로, 배고픈 사람처럼 실성한 사람처럼

삼시 세끼 때마다 일컫던
말,
말들이 있었지

늘랑 이루후제 누구 펜에도 사지 마라!*

봐도 못 본 척
들어도 못 들은 척
눈 감고
귀 닫고
참빗으로 머리 빗듯
그렇게 반듯하게만 살라시던

말,
말들이
풀을 뜯는 들판에서
한가지로 무너지는 억새밭 바람의 소문을 들었지

〉
말과
말 떼들과
벌떼들마저도
떼 까마귀들과 함께
바람 위를 거슬러
세차게 날아오르는 걸 보았지

지금 그 들판
어디론가 사라져

우리 아버님 무덤 건너
어머님 무덤가에
한가지로 새하얀 억새꽃 핀다

* 너는 이다음에(어른이 되거든) 누구 편에도 서지 말라.

산을 타는 사람들
― 퍼즐 맞추기 · 16

며칠 전 동네 가게 앞길에서 등산복 차림의 두 남녀 나에게 인사하면서 지나간다 그들의 인사가 무슨 색인지 나는 잘 모른다. 색맹인 나는 막연히 그들을 바라볼 뿐

어릴 적 가을 단풍 지던 날 친구들이 소풍 가서 기뻐 날뛰며 내지르던 소리의 색깔도 나는 기억할 수가 없다

붉고 푸른 것은 고사하고 불그스름한지 푸르스름한지 누르스름하거나 거무스름할 수도 혹은 희뿌윰한지도 분간되지 않는 색상들로 나는 그 모든 것을 기억하지 않기로 한다

그들의 등산복이 서름서름하지만 않았어도 지금쯤 나는 그들의 대열에 끼어 산을 오르거나 산(山)사람이 되어 있을지도 모른다

제3부

파도

당신이 끓인 커피 향은
바다로부터 도망 나온 바다의 속살

바다로 통하는 방은
창살에 갇힌 태양의 통로

'사랑한다'라고 고백할 때
태양의 침묵은 순결하지 못하고

긴장한 낚싯대 끝에 끌려온
당신은
쳐다보기만 해도
어지러움에 취해서

찻잔의 기울기도 바다로만 향하는 시간
당신의 침묵은
몰래몰래 감춰둔 연서
그렇게 철썩이는 프러포즈

그대가 좋다

당신의 그림자 무성히 자라고 있는 연못가에서
만취한 물억새를 보고 있노라면
당신은 싫고
그대가 좋다

엊그제 훑고 간 태풍에
뿌리 뽑힌 물억새 등에 업혀
구슬픈 울음을 목 놓아 우는
당신은 싫고
그대가 좋다

아라베스크 무늬의 물총새에
매일 아침 총 맞아 죽는 사람을 아주 가까이에서
지극히 사랑해 본 적 없는
당신은 싫고
그대가 좋다

사랑하다 지치면 떨어진 꽃잎도 언어가 된다는
태풍이 지난 길목에
남긴 상처 매만지다 사라진
당신은 싫고
그대는 좋다

안개꽃

꽃들은 가벼울수록 쉽게 지고 쉽게 눈물짓는다

풀잎은 아무것도 아닌 일에 가슴 떨고 속상해한다

토라져 눈 흘기고 뭉니 부리며 화나서 떠난 자리, 너의 풀잎 지고만 자리

떨어져서 굳어버린 네 영혼은 열리지 않던 너의 창 건너편 새들의 속삭임

너를 불안에서 눈 뜨게 하고
두려움에 문 열게 하고
진실까지 내려놓은 어두운 병실에 불을 밝혀

내가 너를 그리면 너는 하얀 그림 속 구름 날개를 펼쳐 가볍게 흩어져 꽃이 된다

가을이 깊을수록 숲에 가린 안개가 된다

이삿짐 옮기던 날

방금 동해를 지나온 밤 열차가
미들섹스 카운티의 타이번* 마을을 지날 즈음

구들장과 벽장 사이에 둔 유령의 철로가 휘청거리고
부서진 밤바다 위로 가로등은 헤엄쳐도

지방 일간지는
마름모꼴의 은행 씨앗을
사발통문으로 찍어댔다

'신구간 이사철, 제주는 화물차도 만원'

싣고 내릴 이삿짐 하나 없는 화물열차
위벽의 푸른 바다 갈매기는
고로쇠나무즙을 몰래몰래 빨고
죄 없는 자 나서보라던 '데릭 크레인교수대'*의 외침은
밤 열차 소리로 띄엄띄엄 흩어지는데
텅 빈 하늘만 적극적으로 높아 간다

* 크레인 교수대가 있는 런던 근처 마을
* 영국의 중범죄자를 사형시키는 교수대

초현실주의자

가마우지 한 마리 힘겹게 날아오르는 성산포의 아침,
빛나는 사마리아 여인의 난해한 언어

순간 안단테 안단테 안단테
여인의 등줄기에서 솟는 빛의 선율

여인은 드디어 오월(吳越)의 명검을 집어 들고

바다로 뛰어드는 그림자는 그렇게 사라집니다

주술사의 주문은 초현실적입니다

혼적

내 혈관에 응고된 피는

언덕 위

낡은 초가집 아래

흐르다 역류된 수메르인의 강물 중간쯤

떠다니는

추억의 사진첩

꿈틀대다 말라버린 한 마리

지렁이

쫓던

노란 병아리

그림자로 지워지고

빨랫줄에 목을 매다

푸르고 푸른 하늘이 노크합니다

집게발을 드러낸 바닷가재 한 마리 눈을 흘깁니다

바다와 마주한 여인이 빨랫줄에 매달려 수신호를 보낼 때

낡은 티셔츠의 단추 구멍 사이로 바닷가 새들이 하나 둘 빠져나갑니다

그들 사이에 무슨 일이 있었는지는

덜 마른 하늘도 덩달아 날아올라

일상의 여인은

텅 빈 빨랫줄에 그만 목을 매고 말았습니다

미소(微笑)와 미소(媚笑) 사이

닻 풀린 선수(船首)
빛에 쫓긴 밤
잠자리
덧셈과
뺄셈 하나,
느낌표 둘,
멈춤
셋,
뒤로 솟구치는 파도 그리고
이별의
미소(微笑) 뒤에 숨은
뽀얀 안개꽃 울러 메고
빠이빠이야!
집어등 쩌렁쩌렁 미소(媚笑)짓고 있습니다

십일월의 기도

내 가슴에 눌어붙은

쇳물같이 녹슨 가래 떼어내어

낙엽 지듯 떨어지게 하심으로

내 안의 그릇됨을

온전케 하는

가을이 되게 하소서

구월 스무닷새* 그믐달이 되어

새벽녘에도

우리 집 창가로 찾아와

온전히 머물다 가게 하소서

* 성산읍 4.3 집단 양민 학살로 돌아가신 분들의 제삿날

유죄

오늘 아침도
바닷가 내 집 앞엔
물까마귀 몇 마리 다녀갔지

밤새 잘 잤느냐고
꿈은 잘 꿨느냐고
그런데 요즘
자네 집 주변이 왜 이리 소란스럽냐고
물가에 졸랑대던
숭어 떼는
왜 보이지 않느냐고
질문 같지 않은 질문을 던지고 가더군

그래서 난 이렇게 대답했지

그건 나도 잘 모르지,
집게발 달린
굴착기의 소란스러운 소리에
잠을 깬 죄밖엔 없으니까.

새벽 낚시
그물코에 걸린

아침 해를 끌어올리다
놓쳐버린 죄밖엔 없으니까

하얀 실선에 그네타기

당신이 즐겨 쓰시던 하얀 실선이 낡은 재봉틀 그림자에 둘둘 감겨온다

가래 끓는 소리가 들창 밖까지 들린다

늙은 뿌리의 소나무 가지에서도 토해내지 못하는 송진이 가래로 끓는다

앞발 다친 산노루를 닮은 초승달이 서쪽 하늘만 고집하는 시간

비탈길에 선 그믐달이 동쪽 하늘로 솟아 아침 해와 맞서는 걸 보시던 우리 어머니

'왜 그믐달은 동쪽 하늘만 고집하느냐'고 역정 내시며

'저무는 해를 보고 송별을 구하는 건 더욱 아니'라시며

초승달을 향해 평안히 눈을 붙이신다

섬 이야기

바다 향기가
남쪽으로만 기우는 이유를
알 것 같습니다.

비릿한 내장이 터져 나온
교각 밑
향수를 덧칠한
솔·라·시·도의 높은 음절보다도
솔·미·레·도의 더 내려앉은 자리로
둥둥 떠다니는 작은 섬의 유희

아파트의 창은 야한 밀실입니다

난파된 어선의 수신호와
부드러운 언어가 혼용되는
혼돈의 변주곡

파도 소리와
뱃고동 소리가 들려주는
섬 이야기는

남쪽 바다보다 더 낮은 곳에 머물다가
종삼역 쯤에서 하차하겠습니다

몽상가의 일기

호찌민시에서 편지를 띄웁니다
비행기는 호찌민시에 내렸습니다만
비행기는 내리지 않았습니다만
호찌민시에는 비행기가 있습니다만
비행기는 비행으로 뜨지 못했습니다만
새 한 마리와 마주했습니다만
새는 창공에 있습니다만
비상으로
새는 창공에 없습니다만
꿈을 꾸는 창공에서
새와 나는
함께 있기로 했다가 오래전
고향으로 인도되고 말았습니다만
호찌민시는 날아다니는 꿈이
꿈으로 환생하는 꿈의 고향입니다만
빨리 내리고 싶습니다만

상실

자동차 한 대가 '휘~익' 지나갑니다

한동안 서성이다 멈춰선 비탈길

그녀가 썰어낸 파란 물음표를 귀에 달고

잠들었던 음절이

세반고리관을 돌고 나옵니다

불자동차도 함께 지나갑니다

지워져 버린
기
억

내일도 나는 그녀의 달팽이관 입구에 서서

어지럼증의 기억을 찾을 겁니다

아직도 진행중

 여덟 살 되던 해 새벽 다섯 시, 소년은 할아버지를 졸라 낚싯배를 탔지

 마음을 엮어 이은 풍선에 끌려 얼마나 높게 솟아올랐는지 궁금한 먹구름이 먼저 갈바람을 등에 업었지

 한 옥타브가 올라갈 때마다 반 음절 내려앉아 아른아른한 구름 벽은 소년의 달콤한 꿈의 세계

 대열을 이탈하는 두려움도, 생채기만 남은 바다의 본질도 돛을 내려놓을 만큼 바닷속 이야기가 궁금했던 거니까

 할아버지 이맛살에 찍힌 수많은 물음표가 물살을 몰고 갈 때

 놓아주고 싶고 풀어주고 싶은 소년의 자유는 그때까지도 한 가닥 낚싯줄에 묶여 있었어

그믐달

 등짝이 시리다는 것은 겨울밤 달그림자에 유린당한
바다의 율법 때문

 동짓달과 섣달 사이에만 존재한다는 율법,
 새소리 바람 소리 중간쯤에 세워진 교수대를 마주한
우리

 <u>스스로 눈을 감고</u>
 <u>스스로 목을 매고</u>
 <u>스스로를 처형하는</u>
 이 시대 최후의 심판

 새들의 날 선 부리로 시리디시린 등짝의 피를 빨고
몇 가닥 남은 머릿결마저도 뽑아 진홍빛 새벽하늘로 날
려 보내고 목숨으로 건져 올린 율법마저 매달아 처형하
려는 하늘의 모순

제4부

빛과 날개

상처 입은 사람을 환자라고 부른다면
날개 다친 새들은 무어라고 부를까

실바람 소리에도
가, 가, 거리다가
절뚝대며 옮겨 다니는 나뭇가지에는
날지 못하는 새들의 날개가 무수히 걸려있다

한 가지로만 향하는 가지 끝의 바람과
바람의 진로를 막아선 어둠에
묻혀 있던 새들

날고 싶은 욕망도
쉬고 싶은 꿈도
나무가 더 이상 쉼터가 아니라서

날 선 부리에 해체된 빛과
사라진 빛의 자리로 뿌리내린 어둠은
날개 다친 새들이 부르는 또 다른 통증

환쟁이가 쏘아 올린 화살

Don't worry!

분봉하려나 봐요
아름다운 이별이 될 테니까요
여왕벌이네요

Excuse me!

고백할 게 있었나 봐요.
내 기억은 노란 꽃잎 아등그러진 들장미
불길에 콱! 꽂혀
사월의 태양에 속살 드러낸

Decalogue!

왼쪽 가슴살 한입 베어 문
출렁거리는 거리
피를 토하던 꽃이
화악! 피어오릅니다.
환쟁이 그림첩 속

Be haappy!

지금은 공사 중

오래된 전선 늘어진 시골길을 남녀가 걷고 있다

굴착기 한 대가 그 길을 파헤친다.

저들의 다정한 속삭임도 묻혀버릴 공사 현장

뻣뻣이 지켜보는 가로등 눈빛이 예사롭지 않다

출렁거리는 건 전깃줄만이 아니다

감춰져 있는 것보다 보여주는 것에 미련이 많은

묻어둬야 할 사연들로 가득한 눈빛들의 행간에

'주의! 공사 중'

붉은 글씨가 앞길을 가로막는다

부처님 오신 날

앞절울음* 놓친 한쪽 귀 밤새 이명을 쫓다가 산과 바다 사이에서 잠이 깹니다

그 너머 물새 소리에 취한 부처님도 빙긋 웃으시다 깜빡 잠이 들고

손가락 깨물듯 하루를 지켜보던 법당 처마 끝 앙상한 목어마저 내 아픈 무릎 위로 철퍼덕 내려앉습니다

나도 부처님 무릎에 기대어 눈 감았더니 주무시던 부처님 화들짝 놀라 선잠 깨고 말았습니다

뜻으로 목을 매던 하늘 끝엔 파란 상처만 뼈의 울림으로 매달려 대롱대롱 졸고 있을 때였습니다

* 앞바다 멀리서 파도를 이루며 몰려오는 깊은 물결 소리

한가위

낭만이 낭만을 위해 멋 부리는
가을 창가에서
가을보다 더 멋진
보름달을 보고 있노라니
그보다 더 멋진
그대의 모습이
더불어 나를 멋 부리게 유혹하는
참으로 나는
기쁘고
사랑스럽고 행복한 달맞이꽃

가로등

하울링으로 울려오는 아침 안개

햇살이 들지 않는 맞은편 골목에서

허밍처럼 들려오는 당신의 음성

잘 다녀왔느냐 피곤하지 않느냐 다친 데는 없느냐

다시 들려오는 숲속의 잿빛 음성을 밟으며

풀썩 잠자리에 들었던 이튿날

마중해주시던 몸짓은 목판에 박힌 나사렛예수의 또 다른 제자 우리 어멍!

마지막 이별이 될 줄 몰랐습니다

웅웅거리는 어둠 속에서

홀쩍이는 안개는

내 안의 날개입니다

물음표와 묶음표

하늘을 땅이라 부르면 안 될까. 하늘은 너무 높고 푸르러서 푸른 강과 같아서 그 강을 건너기엔 깊고 넓어서 우리가 원하는 세상은 그보다 조금 낮은

그보다 더 가깝고 손쉬운 곳에서 당신과 손 맞잡고 따뜻한 미소와 향기 나는 노래로 요단강 건너 골고다 언덕 너머 안데스산맥도 가로지른

아마존강은 아닐지라도 남태평양 건너편 아시아대륙의 끝 지점과도 이어지는 모리셔스 섬 중의 섬들마저 지나

제주 섬 동녘 해 뜨는 마을* 해변을 바라보며 꿈도 꾸고 새콤달콤한 이야기도 나누며 잠을 청하는 작디작은 섬 '이어도'라면 어떨까

우리가 잠든 사이 밀보리밭에서는 또 다른 섬들이 바다 같은 하늘에 싹을 틔워 앞마당 볏단에 가을 해를 순산하고

돌 지난 우리 아이가 갓 태어난 저녁 해에 뒤뚱뒤뚱 걸려 넘어지며 부르는 '이어도사!'**라면 또 어떨까

* 제주도 동쪽 끝 '오조리 마을'의 별칭
* 제주도 해녀들이 이상향을 꿈꾸며 부르는 노래

밤이라는 시간 속으로

밤이라는 것에 대해서 사람들은 말을 합니다 어떤 이는 산속 깊은 곳의 밤나무 열매라고 하는가 하면 또 어떤 이는 젖은 속눈썹 끝에 주렁주렁 매달린 밤이슬이라 하기도 하고 색 바랜 낙엽이 지고 또 지려 할 때 마지막 몸부림의 군무(群舞) 혹은 무희(舞姬)의 몸짓이라 하더니 끝내는 그 말과 말들을 부정하는 창밖 싸리나무 잎의 흔들림과 함께하는 이별이라고 하였습니다

색 바랜 새벽 달빛과 그 간극을 노리는 반 박자 느린 슬롯머신까지 이별의 그림자로 끌어들여 밤바라기 혹은 이별바라기라고 하는 자본주의와 사회주의의 어중간한 사잇길, 달과 별들 사이에서 우리는 밤과 낮의 시간을 금 가르려 하였습니다

이 시각 한 음절의 바람소리와 그 음절의 종성 부근에 거꾸로 매달려 휘청거리는 낡은 북의 울림은 홰치는 닭의 울음소리와 함께 잠들지 못한 밤과 새벽의 진리를 찾아 나선 우리들의 푸르스름한 모습이었습니다

화해

한방(韓方)병실에 누어 침(鍼)을 맞다가
가시나무 송곳에 찔렸습니다.

조금은 따끔거림과
은은함이
더러는 아쉬운 듯
낭창낭창
가슴을 후빕니다

지나는 길목마다
스쳐 간 인연은 짧은가 봅니다

내밀한 사연일수록
뇌 심장에 도달하기도 전에 병은 깊습니다

당신의 이야기는 옳았고
나의 주장은 그르다는 판단은
의사 선생님이 할 차례입니다

맥을 짚습니다

참침·원침·시침·봉침·피침·호침·장침·대침·원리침 등

침이란 침들은 모두 모여 가시나무 숲길은 만원이지만
누군가 놓고 간 난향(蘭香)으로
잘 잘못은 봉합되어 이제 병실은 온화합니다

낙엽

나는 조금 가볍다

눈송이에 기댈 만큼
가벼운 것들끼리
만남을 약속한 시간에
손톱을 잘근잘근 씹으며
그리움의 시간을 기다리면
눈송이에선 피가 흐르고
가볍게 나풀나풀
그러다 기다리는 것이라고
그러다 헤어지는 것이라고
그의 어깨에 살짝 기대어

나는 조금 뒹굴고 싶다

어두운 곳이면 어때서
그것도 인연인 것을,
사랑인 것을,
피로서 얻은 자유인 것을
첫눈 내린 저녁
푸른 달빛이 피를 말린다

나는 마렵다

허한 것은 열(熱)한 것이라는 이름의 카페에서

허울뿐인 사랑이 싹을 틔워

우리는 스멀스멀 상사화라는 이름의 병을 앓는다

가려운 것은 허(虛)한 것이고

아픈 것은 실(實)한 것이며

아파하는 것과는 사뭇 다른 것이라고

손톱이 자라는 건 보이지 않는 유혹이 있어서라고

손톱은 깨물고 긁어대고 투정 부리다가

상처 난 그 자리에서 피가 솟고

매니큐어는 오른손과 왼손이 통하는 유혹

바를 때마다 그녀의 간지럼 증은 발작한다
〉

등짝이 가렵다거나 근질거린다거나

마렵다는 소리가 간지럽다 근질거린다

그 열기로 딱지 입을 때

허한 가려움이 모호한 미소로 다가온다

그녀는 빨간 매니큐어를 손톱이 닳도록 바른다

누구나 소리 없이 자라는 손톱들을 지니고 산다

고산 윤선도

고산 선생의 유적지를 찾았습니다

내 평생 지은 죄

뒷산 가시나무에 걸려있습니다

바람이 불어

가시에 긁힌 자리가 아닙니다

깨달음의 상처가 새순처럼 돋아납니다

뒷산 산울림이 가시나무 상처보다 깊습니다

어둠은 빛을 정의하지 않는다는 의미로 받고 갑니다

기별

-1
이 추운 겨울
밤새
누굴 찾아
미친년처럼 기다리는지

너무 안타까워
수선화
몇 그루에 핀 꽃
몰래 두고 갑니다

-2
아무도 알 수 없는
내일이 있으므로

비록 지난 하루는 온전치 못했지만
오늘 하루는
남은 반나절만이라도
몰래 숨겨뒀다
그리운 그대 위해

새벽별

홀로 비상하는
앞바다
쇠갈매기 편에
보내 드릴까 합니다

착각여행

밑변과 직선 사이에 갇힌 제주 바닷가 돌무덤을 보고 있노라면 내 안에서 몰래 빠져나간 바람새를 만난다

마름모꼴 새들은 나선형 바람을 몰고 간다

미친 바다의 무리와 도태된 등대 사이에서 해탈한 바람몰이꾼들이 야행이다

어디쯤 가고 있을까

돌담에 갇힌 말들과 소들이 벌룽거리는 숨소리가 그들이 밟고 떠난 바다의 모서리에서 풍금소리를 듣고 있다

우리들 여행은 어디까지 이어질까

말물래기

안물질로 심어온 ㅂ름들
대구덕 소곱으로 숨비질 허던 날

요부룩소부룩 살려논 삭다리불도 꺼질 때 다 되어신디
어퍼졌딱 갈라졌닥 ᄀ는 차반지 심백허듯
서방질에 미친 외눈배기도 눈 곰은 저 바당 사연

우리 어멍 헌 가슴
젖은 소중이
벗은 듯 입은 듯
영등할망ᄁ지 불러드령

이어도사나!
이어도하라!

말물래기 큰년도
멍먹한 샛년도
분시모른 말잿년도
돌트멍에 박아졍 고불랙하는 동박생이 마저도
흔디들엉 앙작하는 동새백이
〉

경허무로사 가심에 못질 당헌 말
어떵 춤아지쿠과
이제랑 ᄀ릅써
가슴터놓 ᄀ릅써

벙어리

아침 물질로 잡아온 보름달
대바구니 속으로 숨비질 하던 날

요령껏 재주껏 되살린 삭정이불도 꺼질 때 다 되었는데
엎어졌다가 뒤집어졌다가 가느다란 고리짝 경쟁하듯
서방질에 빠진 외눈박이도 눈 감은 저 바다 사연

우리 어머니 상한 가슴
젖은 고쟁이
벗은 듯 입은 듯
영등할망까지 불러들여서

이어도사나!
이어도하라!

벙어리 큰딸도
먹먹한 둘째딸도
분수 모르는 막내딸도
돌틈에 박혀서 숨바꼭질하는 동박새마저도
모두 모여 울부짖는 이른 새벽에
〉

아무리 그렇다고 가슴에 못질 당한 말
어떻게 참을 수 있었을까요
이제는 말씀하세요
가슴 열고 말씀하세요.

* 이 시는 앞의 시 「말물래기」의 표준어 번역임.

프롤로그와 에필로그

안개 속 어둠이 살짝 걷히면
보이지 않던 것들이 보이기 시작하고
흩어진 기억과
들리지 않던 밀물 소리도
새들의 울음소리와 함께
들리다가 보이다가
스스로 익어가는 시간이 있었습니다

이제는 묵시(默視)의
프롤로그와 에필로그를
퍼즐이라는 이름으로 꿰어둘 차례

어둠이 손을 흔듭니다
갯벌 바닥엔 떠났던 물새들이
흩어진 퍼즐을
한 가닥씩 물고 옵니다

만남과 헤어짐에 지친 외발자전거
헐어 터진 발가락이
외로운 팔다리와 함께
질긴 와이어를 이어놓고 있습니다
헤어짐은 만남을 증거합니다

| 해설 |

괄호 안에서 부르는 괄호 밖의 희망

변종태(시인)

 오늘은 당신의 여덟 번째 시집의 발문을 쓴다는 핑계로 그동안 제 마음에 담아두었던 말씀을 드려보고자 합니다. 물론 전에도 당신의 시에 대한 단평이나 시집의 발문을 쓴 적이 있지만, 그때는 시에 대한 시론적인 논의에 중점을 둔 터라, 제 마음에 담겨 있던 당신을 담아보지 못했습니다. 그래서 이번에는 작심하고 당신에 대한 제 마음의 언어를 담아보면 어떨까 생각했습니다.
 시집 원고를 보내시면서 그러셨지요. 어쩌면 마지막 시집일지도 모르니 잘 살펴봐 달라고. 하지만 아직도 건강하게 활동하시는 당신의 모습을 지켜본 저는 이 말을 믿지 않을 뿐만 아니라, 한 말씀을 더 드렸었죠. '100수 기념 시집도 내셔야 하는데 무슨 말씀이냐'구요. 제가 아닌 누구도 당연히 그러리라 생각합니다. 지금까지 살아오신 이력을 보거나, 건강, 시를 향한 열정은 아직도 메마르기는커녕, 언제나 입에 달고 하시는 말씀처럼 아직 이십 대 못지않은 청춘이라고, 청년이라고 생각하기 때문이지요.

문득 당신과의 인연을 거슬러 올라가 봅니다. 30년 전쯤인 듯합니다. 제가 「오조리 아침 바다」라는 시를 써서 〈제주문학〉에 발표하고, 제 첫 시집에 실은 후 문인협회 주최의 어느 행사장에서의 만남이 그 시작이었다고 기억됩니다. 당신께서는 난데없이 훅 들어오셨지요. 왜 허락도 없이 '오조리' 얘기를 쓰느냐고 시비 아닌 시비를 걸어 오셨었지요. 그때는 당신의 고향이 오조리인 것도 몰랐을 뿐만 아니라, 나이 차이가 훌쩍 나는 저로서는 움찔했던 기억이 있습니다. 물론 당신께서는 당신의 고향 마을인 오조리에 관하여 관심을 둔 것에 대한 고마움의 표현임을 알고 있었기에 저 역시 고맙고 반가웠습니다. 오랜만에 졸시를 다시 읽어봅니다.

> 미명(未明)의 새벽 바다
> 수면을 찢고
> 떠오르는 햇살 받으며
> 오조리 바닷가에 서면
> 태양은 밤새 바다 속에서
> 그 짓을 했는지
> 피곤한 눈 비비면서도
> 나를·비춰·주고·있다.
> ― 졸시, 「오조리 아침 바다」 전문

'성산일출봉에서 떠오른 햇살이 나를 비춘다'는 의미를 담은 오조리(吾照里)라는 마을 이름에 끌려 썼던 시인데, 당신의 시비(是非)가 낯설기는 했지만 그다지 불쾌하지는 않았기에 오조리가 당신 거냐고 되물었지요. 그러면서 말도 안 되는 말로 옥신각신했던 기억이 생생합니다. 그러고 나서 서로의 생활에 쫓겨 어쩌다가 먼발치에서만 마주치곤 했었지요.

*

 그러고 나서 1990년대 중반쯤이던가요. 다층문학동인을 결성하고 매주 토요일 오후에 모여 자작시 합평회를 진행하고 있었습니다. 구성원은 대학 신입생부터 석사과정 재학 중인 저에 이르기까지 20대로 구성된 비교적 젊은이들이었지요. 하루는 조금 늦게 도착해보니 오십 줄은 되었음 직한 분이 앉아 있었습니다. 함께 참여한 모 교수의 손님이려니 하고 있었는데 그날부터 우리 동인에 들어와 합평에 참여한다는 것이었습니다. 참으로 놀랍고 예상외의 일이었습니다.
 당신께서는 이미 첫 시집『오조리, 오조리, 땀꽃마을 오조리야』라는 시집을 상재한 후였고, 그 작품들은 당시 우리 동인의 작품과는 그 경향이나 방향성이 전혀 다른 것을 알고 있었기 때문입니다. 그뿐만 아니라 합평회 경험이 없으신 당신은 저희의 분위기에 적응할 것 같지도 않았습니다.
 다층문학동인은 1990년 창립되어 그 당시 한창 유행하던 포스트모더니즘이니 이미지 중심의 시(詩)니 하는 그야말로 기성 시인들의 눈으로 보면 황당한(?)

시문학(詩文學)의 경향을 좇는 무리였습니다. 그만큼 전통적 서정시를 쓰는 분이 모임에 참여한다는 것이 가당치 않았기 때문이었던 거였죠. 더구나 합평회는 치열하기 이를 데 없어서, 오후 2시에 시작하면 저녁 10시를 넘기기가 일쑤였고, 나이 불문하고 작품에 대한 직설적 합평은 엔간한 사람들의 자존심을 헤집어놓아서 눈물을 쏟는 회원들도 한둘이 아니었으니까요.

더구나 지역 문단에서는 당대의 분위기와는 너무도 다른 시적 경향을 추구하는 우리를 이단시하는 시선이 무척 강했었지요. 우리 구성원들은 저를 포함한 두세 명만 갓 등단한 신인들이고, 대부분은 미등단의 문청들이었기에 지역사회의 분위기에 아랑곳하지 않을 수 있었지만, 당신은 문단의 기성 멤버로서 다른 사람들의 시선을 한 몸에 받을 수도 있기에 진심으로 걱정스러웠습니다.

특히 자기 아들딸만 한 동인들과의 합평회는 결코 녹록한 자리가 아니었기에, 과연 이분이 얼마나 견딜 수 있을까 하는 궁금증은 우리의 흥미를 더욱 끌게 했습니다. 자작시를 들고 온 첫날부터 모든 작품은 온통 시뻘건 사인펜으로 밑줄이 그어질 정도였으니, 아마도 자존심에는 더 붉은 줄이 그어지지 않나 싶기도 했습니다. 등단하고, 이미 시집까지 내신 분이었기에 그 자존심이야 어떠했겠습니까. 밤늦게 합평이 끝난 후 갖는 막걸릿집 뒤풀이에서는 젊은이 보다 먼저 분위기를 맞춰주셨고 합평회 시간에 있었던 어색한 분위기도 앞장서서 말끔히 풀어 주시기까지 하셨지요. 당신께서는 제주도의 공직자로서 주중, 주말, 밤낮을 가리지 않고 직무에 충실하시는 걸 알고 있는 터라 합평회가 끝나면 곧바로 귀가를 권했음에도 굳이 함께하려고 하는 모습에서 시를 향한 당신의 열정을 느낄 수 있었지요.

"시(詩)라는 것이 머리에서 나온 것을 손가락 끝으로 받아 적는다고 되는 것이 아니라, 자신의 삶이 시(詩)가 되어야 한다"면서 말입니다. 마음이 젊어져야 시도 젊어지지 않겠느냐는 말씀은 한참 젊은 우리를 더욱 분발하게 만든 자극제가 되기도 하였지요.

그렇게 견디기를 2년 남짓, 그 후 직장에서의 바쁜 업무 관계로 당신께서는 합평회 참여가 여의치 않으셨던 것으로 기억합니다. 우리의 인연도 그렇게 끝나는가 싶던 1999년이었습니다. 당시까지만 해도 사회의 모든 구도가 서울이라는 이른바 '중앙'집중적인 상태였지요. 그러기에 '지방' 문인들은 해바라기처럼 서울만 쳐다보던 시절이었지요. 이러한 폐단을 깨기 위해 '다층문학동인'들이 모험을 걸었습니다. 전국에서는 최초로 '지방문학의 새로운 도약'이라는 슬로건으로 이름마저 생소한 문예지를 〈다층〉이라는 제호로 창간하게 된 것입니다.

국제외환위기가 경제를 수렁으로 끌고 들어가고 있던 시절에 그것도 조그만 제주지역에서 문예지를 창간하는 것은 누가 봐도 무모한 짓이며 엄청난 도박이었습니다. 이런 무모함에 누가 감히 창간 멤버로 참여하려 했겠습니까. 그런데도 당신은 우리가 당신을 편집인으로 추대하고자 한다는 뜻에 한마디 주저함도 없이 쾌히 응해 주셨습니다. "젊은이들이 지역 문학을 활성화하고 한국문학을 바꾸고자 하는 데 내가 어떻게 망설이겠느냐"는 것이 그 답이었지요. 그 격려에 힘입어 저 역시 편집주간이라는 직책을 맡고 그 길을 함께 걸어왔지요.

벌써 24년, 그동안 한 호도 결호(缺號) 없이 이어진 〈다층〉의 위상은 이제 전국 각 지역에 연고를 두고 있는 문예지의 발행인과 주간들과의 협의체를 구성하고 '지방'이 아닌 서울을 포함한 전국을 포용하는 '지역' 개념으로 삼아 〈전국계간문예지편집자회의〉를 결성함으로써 비로소 한국문학의 거대한 흐름의 물줄기를 바꾸는 동력을 만들어놓았습니다.

그 어렵고 험한 길을 함께 해주셨기에 〈다층〉은 오늘도 한국 문단에 당당함을 잃지 않고 있습니다. 따라서 이번에 당신께서 여덟 번째 시집 상재는 그만큼 '다층문학동인'과 〈다층〉의 보람이고 자랑이 아닐 수 없습니다.

*

사설이 제법 길었습니다. 이제는 당신의 시(詩)로 들어가 보겠습니다. 우선 당신의 시의 세계를 논의하려면 제주라는 지역과 오조리라는 고향 마을과 4.3이라는 우리 현대사의 최대 비극이라는 소재를 빼어놓을 수가 없을 듯합니다. 여덟 살 소년이던 당신이 겪은 4.3, 아버지를 비롯한 가족 모두를 잃고 말았던 아픈 역사이며 당신을 시의 길로 이끌 수밖에 없는 한 원인이며 동기였을 테니까요. 또 그 아픔의 현장이 고향마을인 오조리이기 때문이겠지요. 어차피 인간은 환경의 동물이라고 하기에 자신이 무엇을 하든 태어나고 자란 곳의 이미지에서 벗어날 수는 없겠지요.

 하지만 고향을 소재로 한다고 해서 전통적 서정이 주된 시(詩)일 거라는 선입견으로 접근하면 시 읽기가 녹록지 않게 되지요. 시(詩)라는 것은 테마와 이미지를 상상력으로 버무려내는 음식 같은 것이기에 비빔밥이 아니라 볶음밥에 가까운 것이 되겠지요. 그래서 각각의 재료의 맛이 서로에게 스며들어 새로운 맛을 내야 하는것이겠지요. 다음의 시에서 그 맛을 음미해 보도록 하지요.

 마을버스 정류장에 풍경·하나 졸고 있다 졸음에 겨운 또 다른·풍경은 버스에서 내린다 풍경마다 다른·풍경을 기다리거나 앉아서 쉬다가 알 수 없는 졸음에 취한다 풍경들·사이에는 알 수 없는 기호들이 함께한다 갈 곳이 각기 다른·기호가 각기 다른·풍경의 기호를 괄호에 묶어둔다 낯선 기호가 알 수 없는 모습을 한·기호의 졸음을 괄호에서 툭! 툭! 뱉어낸다 앞선 자리에 졸다가 눈을 뜬 기호·하나가 등을 쳤던 기호에게 졸음을 던진다 다음에 도착한 버스에서도 알지 못하는·풍경이 내리고 알 수 없는·기호는 버스에 매달려갈 테지만 알 수 없는·기호는 또 다음 도착한 버스에 알지 못하는·풍경과도 의미 없는 악수를 나누겠지만 다음 또 다음에 내리고 타는·풍경은 그러한 사실을 아는지 모르는지 인사도 하지 않고 쳐다보지도 않은 채 내리고 타다가 불쑥 그들은 모두가 잠을 청하러 온 것도 아니고 약속해서 만난 것도 아닌 정류장에서 졸음이 마려운 그들에게도 머지않아 도착할 버스가 있는지에 대해 묻는다 그들이 타고 떠나야 할 버스의 바퀴가 녹슨 나사못에 찍혀 오도 가도 못한다는 소문은 한참 뒤에 알려졌다 소문 무성한 동내에서도 그 소문만은 돌지 않아 졸고 있는·기호는 아직도 괄호에 갇혀있다 못에 박힌·풍경은 조그만 버스정류장이거나 기다리는 물음표는 괄호에 갇힌 우리들의·기호이다
— 「풍경·하나」 전문

위 시의 시상(詩想)은 한적한 시골 버스 정류장에 버스가 도착했다가 떠나는 데서 시작됩니다. 더불어 몹시 한산하고 여유로운 시골 정류장의 이미지도 곁들여집니다. 당신의 고향 오조리의 모습이 오버랩되는 대목입니다. 그런데 흥미로운 것은 풍경들 사이에는 알 수 없는 기호들이 함께 하고 있습니다.

그 기호들은 각기 다른 풍경이라고 합니다. 버스를 타려는 사람과 버스를 기다리는 사람과 버스를 내리는 사람들은 각기 다른 이유와 의미로 공존합니다.

더 넓게 생각한다면 이는 우리의 삶의 풍경일 수도 있습니다. 그렇지만 간과할 수 없는 것은 그 풍경의 바탕에 깔린 보이지 않는 기호입니다. 아무리 세월이 흘러도 아물지 않는, 낙인(烙印)처럼 찍혀 지워지지 않는, 여덟 살 때 겪었던 4.3의 아픔일지도 모르겠네요. 녹슨 나사못에 찍혀 오도 가도 못하는 4.3이란 기호는 각기 다른 풍경 속에 묻힌 채 보편적인 풍경으로만 보일 수 있습니다.

그래서 오늘도 버스는 무심히 승객을 태우고 내립니다. 그 풍경 속에는 우리들이 기르고 있는 기호도 함께

합니다. 과거의 풍경이 아닌 새로운 미래를 여는 풍경이 버스라는 괄호 속에서 시(詩)적인 상상력을 이끌고 신선한 음성으로 다가옵니다.

저는 이미 당신의 나이를 알고 있으면서도 이 시를 읽는 동안 깜빡 그 사실을 잊곤 했습니다. 어느 젊은 시인의 작품을 만난 듯 읽는 동안 자유로운 상상의 세계로 빠져들었습니다. 이 시 한 편을 읽고 하루의 나머지는 괄호로 남겨두었습니다.

　　태양에 가린 햇살이 유난히도 뜨겁던 날 두 사람이 길을 갑니다 여자의 손은 가느다랗고 남자의 손은 굵습니다 여자가 손을 흔듭니다 남자도 손을 흔듭니다 굵은 남자의 손마디에 여자의 손이 가려지고 남자의 손도 여자의 손가락 사이로 빠져나가려는 갈림길에서 그들 앞에 열린 외길을 향해 함께 걸어갑니다

　　내 낡은 일기장에도 남자와 여자가 그렇게 그려져 있습니다 남자는 덧니가 있고 여자는 금니 박힌 사랑니를 가졌다고 적혀있습니다 태양에 가린 덧니와 금니에 가려진 사랑니는 갈림길에서만 미소 짓고 있습니다　그들은 이별과 헤어짐의 갈림길에서 총을 맞았다고 합니다 참으로 모호하게 불꽃 튀는 사랑의 연서, 그건 그들만의 헤어지기 훈련법이었습니다
　　— 「어느 여행자의 일기」 전문

오래전의 추억여행을 되새기는 듯합니다. 혹은 흔히 있는 젊은 남녀의 사랑타령 같기도 합니다. 어쩌면 오늘의 남녀도 그럴 것이라는 생각으로 말입니다. 그렇지만 그것과 사뭇 다른 의미가 감춰져 있음을 읽어냅

니다. 나에게 들려주셨던 아픈 가족사가 시의 바탕에 깔려 있습니다. 당신의 작은 숙부는 혼인하고 두 달 만에 모슬포훈련소에 입소했지요. 그 후 얼마 지나지 않아 발생한 4.3으로 당신의 숙부는 그가 속한 부대를 따라 산사람이 되고 숙부와 숙모는 그렇게 헤어졌지요. 그렇지만 숙모를 끔찍이 사랑한 숙부는 산을 내려와 고향 지인의 집 마룻장을 뜯고 숨어 살면서 숙모를 몰래 만났지요. 그런 비밀을 서북청년단이 알게 됐고, 숙모는 서북청년단원의 아내가 되고 말았지요. 숙부는 그 길로 마룻장 집을 떠나 행불자가 되고 이 일로 해서 가족은 쑥대밭이 되고 말았지요. 시의 바닥을 흐르는 아련한 슬픔이 잔영으로 남습니다.

그래서 언젠가 강수 시인도 당신의 시집 서평을 쓰면서 다음과 같이 소개한 적이 있었지요.

> 그의 시들은 그의 내적 풍경의 은유적 기록이다. 그는 어린 시절에 4.3 사건을 겪었고, 그때의 공포와 상처에 대한 트라우마를 시로 승화시켜 온 시인 중에 가장 주목받고 있는 시인이다. 물론 4.3 사건을 소재로 한 여타 장르의 작품들과 시인들이 있지만, 직접 체험한 날것 그대로의 이미지를 형상화해낸 시인은 드물다. 시는 역사적 기록이 아니다. 그 체험을 삭이고 삭여서 곰삭은 맛이 나도록 감성적으로 숙성시켜낼 수 있어야 한다. 그 과정에서 시는 역사적이고 개인적인 체험의 영역을 벗어나 보다 보편적이고 소통적인 감동의 차원으로 승화된다.
> ― 강수, 「자아 찾기의 여정, 혹은 존재의 미끄러짐」, 《다층》 85호(2020년 봄)에서

*

  당신의 고향 마을은 세상에서 제일 먼저 해가 뜬다는 성산일출봉을 마주하고 있는 오조리지요. 사람들은 여행할 때, 겉으로 드러난 아름다움에 감탄하지만, 바탕에 깔린 통증은 모르거나 외면하곤 하지요. 오조리도 그런 곳이지요. 당신처럼 그 아픔 위에 피어난 아름다운 고향을 기쁨 반 슬픔 반을 숙명처럼 받아들이며 오늘도 지키고 계시지요.

    제주섬에는 '오조리'라는 바닷가 동네가 있지요
    아침 해가 나를 비춘다는 마을이지요
    아침 해는 보일 때도 있지만
    안 보일 때가 많다는
    그 동네에서

    나는 그리움으로 양치질을 하고
    그리움으로 세수를 하고
    그리움으로 샤워도 하고
    그리움이라는 샴푸로 머리도 감다가
    그리움에 미끄러지는 세면장 거울 작은 등불을 켜고
    나를 내려다보고 있는 그리움을 올려다보는
    그분의 모습에 매달리지요

    그가 켜놓은 전등불 아래서
    시도 쓰고
    소설도 쓰고
    휘파람도 불고

그림도 그리다가
그분이 벗어놓은 무명적삼 두루마기 폭을 접어
그리움의 콧노래를 부르다가
가끔씩 울기도 하고 웃기도 하던 새벽닭울음 소리는
섣달 그믐날 밤을 송두리째 뺏어가 버렸습니다

미쳐야만 해가 뜬다는 소문 무성한 바닷가 오조리는 이제 아프지 않다고 합니다
— 「미친 해를 위한 기도」 전문

숙부의 사건 하나로 할아버지, 할머니, 아버지와 아버지의 3형제, 아버지의 4촌 등 온 가족이 학살당하는 아픔이 가득한 고향은 당신에겐 고통과 추억이 공존하는 공간이겠지요. 더구나 당신 세대의, 그것도 변방 중의 변방인 제주, 그 중에도 궁벽한 시골이었던 오조리의 1950-60년대가 어떤 시절이었는지 우리 역사를 더 들어보면 충분히 짐작하고도 남음이 있습니다.
 그 고향 마을로 가는 앞바르터진목에서는 어린 시절 목도(目睹)했던 통한의 상처마저 떠오르는 영원히 아물지 않는 트라우마일 수밖에 없겠지요.

내 가슴에 눌어붙은

쇳물같이 녹슨 가래 떼어내어

낙엽 지듯 떨어지게 하심으로

내 안의 그릇됨을

온전케 하는

가을이 되게 하소서

구월 스무닷새 그믐달이 되어

새벽녘에도

우리 집 창가로 찾아와

온전히 머물다 가게 하소서
— 「십일월의 기도」 전문

음력 9월 25일, 양력으로는 11월이 되는 날이란 걸 저도 알고 있습니다. 그날은 당신 아버님의 기일이란 것도 알고 있답니다. 까닭 없이 영문도 모른 채 이승의 문을 닫고 길 떠난 피붙이들의 원혼(冤魂)을 불러들여 넋을 기리는 그날은 차라리 오지 않았으면 하는 가을이었겠지요.

좌익이다 우익이다, 옳다 그르다 각자 제 목소리로만 소리치는 역사를 정면으로 부딪쳐야 했던 당신의 인생에서 그날의 일을 찢어낼 수 있다면, 지워버릴 수 있다면 어리디어린 시절에 그렇게 낯선 땅 일본의 어느 거리를 헤매지 않아도 되었겠지요.

그러기에 당신은 아직도 밤이면 비록 그것이 꿈일망정 당신만의 역(驛)을 만들고, 그 앞에 시(詩)의 외등을 밝혀둡니다.

겨울비
외등
타고 내려와
흩뿌리는
창
유리 부서진 파편
마디마디에서
수선화
꽃
피
다
홀·로
지
다
가
가
버린·당신
— 「몽환역(夢幻驛)에서 기다리다」 전문

 시인이기에, 그나마 시를 쓰고, 언어로나마 당신들을 위로할 수 있기에 당신은 밤마다 언어를 다듬고 단어들을 쌓아 올려 세운 외등에 불을 밝힙니다. 비록 그것이 몽환(夢幻)일지라도. 그러나 당신의 이 시의 외등은 결코 불이 꺼지지 않을 것입니다. 당신의 당신들이 당신을 찾아오는 걸음이 편안하시라고. 그처럼 당신은 그 세대가 겪었던 당시의 제주도를 「아직도 진행 중」이라는 의미로 삶의 흔적을 추억하기도 합니다.

여덟 살 되던 해 새벽 다섯 시, 소년은 할아버지를 졸라
낚싯배를 탔지

마음을 엮어 이은 풍선에 끌려 얼마나 높게 솟아올랐는지
궁금한 먹구름이 먼저 갈바람을 등에 업었지

한 옥타브가 올라갈 때마다 반 음절 내려앉아 아른아른한
구름 벽은 소년의 달콤한 꿈의 세계

대열을 이탈하는 두려움도, 생채기만 남은 바다의 본질도
돛을 내려놓을 만큼 바닷속 이야기가 궁금했던 거니까

할아버지 이맛살에 찍힌 수많은 물음표가 물살을 몰고 갈
때

놓아주고 싶고 풀어주고 싶은 소년의 자유는 그때까지도
한 가닥 낚싯줄에 묶여 있었어
— 「아직도 진행중」 전문

 이 시의 배경은 1950, 60년대로 읽힙니다. 여덟 살
나이에 4.3을 겪었고 열 살에는 한국전쟁의 피난민들
과 함께했으며 춥고 배고픈 삶을 이기기 위해 한여름
이면 밭에 나가 김을 매기도 하고 또 이른 새벽이면
어른들도 두려워하는 풍선(風船)에 올라 물살을 가르
며 먼 바다로 나가 낚시질도 했던 당신의 검질긴 모습
이 아직도 단단한 낚싯줄에 묶여 팽팽하게 끌려오는
듯합니다.
 이 시집 전반부인 제2부에서도 시제마다 부제(「퍼즐
맞추기·1」 ~ 「퍼즐 맞추기·16」)를 달아 당시의 상황

을 호명하고 있음을 봅니다. 간혹 장맛비라도 내리는 날이면 당신은 '도둑놈의지팡이라는 고삼(苦蔘)꽃'과도 함께 하고 있음이 그러합니다.

   정월도 춘삼월도 말 많던 제주의 4월과 5월 그리고 6월마저 그렇게 보내고 뒤늦은 칠월에 와서야 당신이 초조해하는 이유는

   불안한 뚜벅 걸음으로 처음은 먼발치서 오는가 싶더니 뒤이어 줄레줄레 뒤만 따르다가 결국은 경망스레 엉금엉금 그 집 창문 계단까지 기어올라 며칠째 내린 비에 찢긴 창호 틈을 기웃대는 당신은 흡사 우리가 기대하다 놓쳐버린 이 시대의 마지막 봄에 핀 제5계절의 꽃

   도둑놈의지팡이라는 고삼(苦蔘)꽃 피다진 제주섬 동쪽 끝 오조리(吾照里)라는 이름의 마을 문턱에 털썩 주저앉아

   스스로 잃어버린 기억들을 하나씩 또 하나씩 찾아내고 씻어내면 녹슬어 사라진 옛 모습을 되살릴 수 있을까
   —「장맛비—퍼즐 맞추기·10」전문

   4.3 집단 학살터인 성산포 앞바르터진목 모래언덕에 앉으면 그곳에 지다 남은 순비기꽃이 마치 도둑놈의지팡이이라는 고삼(苦蔘)꽃으로 보였을지도 모르겠습니다. 그곳에는 2008년 노벨문학상 수상 작가 장 마리 귀스타브 르 클레지오(J.M.G. Le Clézio)의 기행문도 석비(石碑)에 새겨져서 이들을 추모하고 있으니까요.

   *

다시 오조리로 돌아가겠습니다. 당신은 당신의 고향을 지키는 방법이 무엇이었을까요. 언젠가 당신의 시에 대한 단평을 쓰면서 저는 당신을 점등인이라고 명명한 적이 있습니다. 당신께서 스위치를 올리지 않으면 해가 뜨지 않는다구요.

그렇게 일출봉 위로 떠 오른 아침 햇살을 가슴으로 받는 자리에 〈해뜨는 집〉을 짓고, 아침마다 태양의 스위치를 올리는 당신은 아침마다 부지런히 해의 얼굴을 말갛게 씻어냅니다. 그게 당신 스스로를 다스리는 자세며 당신 나름의 고향을 사랑하는 방식이겠지요.

> 오늘 아침도
> 바닷가 내 집 앞엔
> 물까마귀 몇 마리 다녀갔지
>
> 밤새 잘 잤느냐고
> 꿈은 잘 꿨느냐고
> 그런데 요즘
> 자네 집 주변이 왜 이리 소란스럽냐고
> 물가에 촐랑대던
> 숭어 떼는
> 왜 보이지 않느냐고
> 질문 같지 않은 질문을 던지고 가더군
>
> 그래서 난 이렇게 대답했지
>
> 그건 나도 잘 모르지,
> 집게발 달린

굴착기의 소란스러운 소리에
잠을 깬 죄밖엔 없으니까.

새벽 낚시
그물코에 걸린
아침 해를 끌어올리다
놓쳐버린 죄밖엔 없으니까
— 「유죄」 전문

　모르는 이들은 위의 시를 읽고 '시인은 아마도 아름다운 고향 풍경이 난개발로 파괴되어가는 모습에 속이 많이 상하신 듯하다.'라고 느끼실 겁니다. 물론 그러기도 하겠지요. 그렇지만 당신에게 있어서 고향이라는 의미는 외형적 마을 모습보다 아름답고 맑은 고향의 정서에 무게를 둔 듯합니다. 더럽힘을 받지 않은 순수 그 자체의 고향을 아쉬워하고 있음일 것입니다.
　시제(詩題)가 주는 '유죄'의 의미 역시 당신이 삶의 철학임을 깨닫습니다. 굴착기 소리에 잠을 깬 죄　그물코에 걸린 아침 해를 놓쳐버린 죄 처럼 스스로의 행위에 죄인인 양 반성하고 모든 대상을 용서와 화해, 사랑과 믿음에 두고 있음입니다. 도대체 이러한 삶의 철학이 어디서 비롯됐을까요.
　역설적으로 그것은 4.3의 경험에 있었다고 여겨집니다. 그 학살의 현장에서 살아나왔음에도, 그 현장에서 가족의 죽임 당함을 목도했음에도 당신은 누구도 증오하지 않고, 누구도 미워하거나 저주하질 않았습니다. 오히려 용서와 사랑으로 화해와 상생을 기도하였습니다. '다충'이라는 이름으로 당신과 함께했던 30년 세월

동안 당신으로부터 배운 것은 그것일지도 모르겠습니다. 당신 마음속 깊이 간직한 한결같은 사랑, 바로 그게 당신이 고향을 향한 사랑의 감정이기에 그렇습니다.

오늘도 당신은 변함없이 그곳 '오조리'에 계십니다. 그리고 언제든지 그곳에 가면, "어이~ 왔어?"하며 허투루 개발되는 우리들의 양심마저 깨우쳐 주시는 당신이 계시므로 행복합니다. 부디 100수 기념 시집 내실 때까지 건강 조심하시구요. 조만간 동인들과 함께 당신 찾아뵙고 못 하는 술이지만 한잔 청해 올리겠습니다. 끝으로 언젠가 어느 문학강연에서 당신께서 하셨던 말씀을 마무리에 얹습니다.

"나에게 시(詩)란 무어냐고 묻는다면, 그건 내 삶이며 내 고향이라고 답하고 싶다. 뒷동산에 올라보면 언제나 무너질 듯 옹기종기 버티어 앉은 시(詩), 고향 오조리는 그렇게 시가 마려운 마을이다. 4.3이라는 난리에 부모형제를 잃고, 혼적삼(죽은 자가 생전에 입었던 옷) 입은 해녀 또한 물숨(바닷속 해녀가 마지막까지 참아낸 숨) 먹은 곡(哭)이 되어 돌아오는 노역의 마을이 나의 고향이기 때문이다."